문학사랑시인선 66

살아있음에

이기석 시집

오늘의문학사

국립중앙도서관 출판예정도서목록(CIP)

살아있음에 : 이기석 시집 / 지은이: 이기석. -- 대전 : 오
늘의문학사, 2019
p. ; cm. -- (문학사랑 시인선 ; 66)

ISBN 978-89-5669-987-5 03810 : ₩12000

한국 현대시[韓國現代詩]

811.7-KDC6
895.715-DDC23 CIP2019003382

| 머리말 |

설레는 마음이 들었다. 갖고 싶었던 장난감을 얻은 아이마냥 긴 세월 기다렸던 바람이 이제야 찾아와 그랬는지 모른다. 왠지 모르게 잠을 설치다 아침에 일어나 보니 눈이 내렸다. 서설도 가끔은 와줘야 사람이 사는 맛이 있다.

어린 시절부터 글을 읽고 쓰는 것을 좋아했다. 특히 시를 좋아했다. 시는 단순한 글처럼 보이나 큰 그릇이다. 어휘 하나하나의 함축된 의미는 세상만사 모든 것을 담을 수 있다. 주변의 시를 곁넘어 섭렵했다. 보들레르 랭보 에드가 앨런 포의 시들도 와 닿았다.

부족한 게 많은 사람이 험한 세상을 살아오면서 주위 사람 도움을 많이 받았다. 도울 위치에 있을 때에는 나름대로 도움을 원하는 이들을 꽤 챙겨도 주었다. 하지만 시련과 갈등 속에 찾아드는 울분을 삭이지도 못하고 마음 바닥에 남는 응어리 찌끼는 여전했다. 이럴 때 글을 썼다. 한 송이 꽃이 되길 바라는 마음의 글을 썼다. 시 감성을 차곡차곡 저장해왔다.

한국어를 본격적으로 공부하면서부터 부족한 글 내용을 스스로 고쳐가면서 하나 둘 주위 사람들과 공유하기 시작했다. 공감하는 이들이 늘어갔다. 그래도 글을 지어 조심스레 어울렸다.

이제 부끄럽지만 새색시 속살 드러내듯 글들을 내 놓는다. 사람들과 공유하고 공감하고 같이 울기 위함이다. 속으로만 새겼던 감성을 같이 느끼게 되어 너무 벅차다. 힘이 생긴다. 숨기지 않아도 되니 너무 좋다. 대 놓고 마음껏 실컷 글을 쓰련다. 큰 그릇이 채워질 때까지.

해가 지면 둥지로 돌아간다. 사랑하고 늘 함께하는 식구들이 기다린다. 거친 말에도 싫은 내색 없이 착하기만하고 다 받아주는 내결 사랑, 헤매는 듯 보이나 제 갈 길 잘도 찾아 갈 우리 아들, 야무지게 인생 챙겨 살아 갈 우리 딸. 우리 모두 다시금 나간다. 인생 길 덤덤하나 알차게, 살아있음에!

2019년 1월

李起碩

차 례

02 4월의 아지랑이

03 청소 다 했는데요

04 살아있음에

01

한 켤 레 구 두

사랑 자리

절름절름 저며 오는 가을 한기는
시름시름 앓고 있는 나뭇잎들은
시들시들 울어 대던 풀벌레들은
힘없이 웃고 마는 길가 꽃들은
개천에서 피어올라 구름에 안기는 물안개는
사랑을 품는 자리

사랑이

부는 자리
저는 자리
앓는 자리

사랑이 터지는 자리.

- 2018년 10월

오늘

이렇게 지나간다
오늘

하는 일 없이 바쁘기만 한
나날이건만

어미 새마냥 먹이 찾듯
일 쫓아다니는 반쪽 생각에
잠시 머뭇거리다가도

일에 치여 녹초가 되는
오늘이어도

이데아 세상 그리다가
못내 돌아서는 오늘
이 처지라 해도

내일에 숨겨진 오늘
모레에 감춰진 오늘

기대하며

모난 모양
가슴 뒤에 팽개치고
고운 무늬
마음 깊이 새겨 넣고

모난 것일랑 다시 꺼내
한잔 반추(反芻)로 쪼아 대며
되돌아서 보다

저문 해 안은 채로 잠자리 머리맡에
나잇살에 보태려고
오늘을 슬며시 접어 둔다

밤이 지나니 오늘이 깨어났다.

- 2018년 4월

화용(話用)

살아가다 보면
넘어지고 엎어져 다치기도 하던데

상처에 스치는 꽃잎에도
아파하거늘

뭉치로 던져 마음을 눌러 놓고

아파서 괴로워하는 처지인데
미처 생각지 못한다고 돌아서면
어디에 시선을 꽂으라고

화 낸 건 아니라고
비언어적으로 알아채라고 하면

숨어있는 메시지 찾아내어
어찌하다 겨우 건져낸
빈 마음 채워주는 공감

돌이켜 보면

이는
화용(話用)이 있음이다.

- 2018년 6월 29일

슬픔을 벗겨내며

슬픔 겹겹을 벗겨 낸다
내 말이 솟도록 이름부터 써 본다

그까짓 한 글자에 손이 떨리는 건
겨우 두 글자가 힘겨운 건

놀림이 두려워서
쌓인 서러움에 흔들려서
속 터지게 앓던 가슴
한숨으로 달래 오던 세월이 야속해서도
입 다문 채 절절히 바라던 순간이 찾아 주어서도 아니다

오랫동안 간직해온 이쁜 속
속이
덜 여물여서 덜 피어나서 그러는 건데

역시들 저리다고
곁을 찾아주면 싫을 건 없다마는
이 손으로 가꾸어 가는 길에 지은

내 글이 있어

이제는 아쉽지 않다고 슬프지 않다고
더 이상 아파하지 말자고

아름드리 내 글들을
머리말에 두고
등에 지고

슬픔을 벗기면서
눈물이 나도 울지 않으련다

울지 않으련다.

- 2018년 7월 한글을 배우는 할머니들을 만나면서

더 푸르다

한가로이 풀 뜯는
제멋대로 말들이 어울려 놀고
도둑도 거지도 없이
정낭 하나 걸쳐 놓고 일터로 나가던 곳에

한 때
누가 그랬는가
하릴없이 스러져간 혼들이 떠돌고 마는

흩어진 돌멩이
쌓이더니 봉이 되고
겹치더니 오름이 일고

봉을 멀리 두고 오름을 곁에 두는
뫼가 점잖게 자리 잡으니
슬퍼할 새도 없이 마음들을 가라앉힌다

바람이 세다한들
밭담이 안아주고 모퉁이로 돌아 나가 띠풀 지붕 위로 넘어가니
나뭇잎 좋다 하고 푸르다

바람 매 맞아 푸르다
이파리가
더 푸르다

덩달아 삼나무 뻗어 나가 더 곧다

우도 바다 구순(九旬) 할망
가슴에 묻은 그리움이 솟아
물질이 세차다

그 나이에 다 내려놓는다
휘파람 길게 뿜고
물질이 더 세차다

이 땅은 푸르다

더 푸르다.

- 2018년 7월 중순 제주에서

장아(藏我)

나를 감추려
둔덕을 오른다

침침하나 신선한 기운 감기는 숲속으로
고개 숙이고 들어간다

돌아서기 싫어
한길로 가고 싶은 마음에 오솔길을 따른다

겉멋으로 쓴 선글라스에 비친 눈이 아직 부시다

솔잎으로 눈 덮고
풀내음으로 코 막고
와 닿는 새소리 귀에 대고

반겨주는 날벌레에 손짓하고
스치는 바람 벗 삼아
신발 벗어 던진 맨발로 흙더미 밟아가며

한 짐 되던 가방도 팽개치고
맴 돌던 얼굴들은 기억 너머에 잠시 두고
채워지지 않는 빈손으로

어린애 마냥 웃듯이
부끄러운 앞모습 가린 채

나를 숨기려

비트적 비트적거리며

장아(藏我)

길을 오른다.

- 2018년 9월

사랑으로

양손 뻗어 받아들며
속웃음으로 분신(分身)을 쳐다본다

해맑은 아이의 눈망울을
불쑥 마주친다

걷다 말고
끓는 피로 내닫는다

헤어지며 돌아서다
어느새 연인의 마음이 찾아든다

뭇 인들의 질시(嫉猜)를
투덜대며 짓이긴다

아파서 세상을 등지려다
이 몸을 올되려고
부들부들 영혼을 버텨낸다

쓰리게 속앓이를 질러대다가
스멀스멀 온정에 스며든다

비운 마음으로
하늘이 부를 때까지
이 땅 위에 붙어있다

사랑으로.

- 2018년 10월

지주(蜘蛛)

격자창 너머 잔 풍경들이
흐느적거릴 때

활력 잃은 지주 어둠을 즐길 때
보슬비
내리쬐듯 마음을 적실 때

하늘은 불가사의 햇살을 낳는다
새살 흠뻑 먹은 빗줄기가 내린다

비정한 세상 함묵에
넋을 잃고 있을 때

숨어 사는 다락방이 고약한 냄새로
이물질의 농도가 짙어질 때

백색의 공허만이 춤을 추다 쓰러진다

어두운 모퉁이에서 서성이던

지주 한 마리
허탈 마시려 지주사 일망을 펼친다

잦아지는 빗줄기를 뒤로 삼고
공허가 춤을 추다 쓰러지면

지주는 공복 채우려
지주사 일망을 또 던진다.

- 2018년 10월 말

큐피드의 밤

날이 어둑해져
벗들이 제 갈 길로 사라지자

어둠 사이로 가냘픈 애너밸리에 슬며시 다가가다

지 화살촉이 무딘 줄도 모르고
보들레르의 꽃향기마저 낯 두껍게 넘보려다

부둥켜안았던
지칠 줄 몰랐던 정념이
그만 고개를 떨구었다

사랑 빛은 너무 어둡다더니

갓돌에 드리우는 버드나무 그림자
달빛 깨물고도 모자라
길게 목을 늘어뜨리고 훔쳐보려 하자
날개 꼬리 보일까봐 잽싸게 숨어버렸다

기다리던 합장(合掌) 시간마저 놓쳐버리니
하릴없이 되돌아섰다

그제야 환상과 어울려
마음 놓고 춤을 추었다

세월을 잘 아는 새벽이 부추기자
허전한 아침을 다시 맞았다

버들가지 겹겹이 껴입은 환상곡이 귓전에 맴돌았다.

- 2018년 10월 마지막 날

구두 한 켤레

집 모퉁이 돌다
눈에 띈

낯익은
한(寒)데 놓인 구두 한 켤레

세상살이 거칠다고

내 뱉다 못해 토하는 울분
버티다가 쏟아내는 설움
막다 터지는 곡인 양

밑창은 터지고 굽은 닳은
무심코 지나가는 차량에 짓밟히는
술꾼의 발에 차이는
간혹은 노리개가 되고 서리가 내려도 어쩔 수 없는

한 켤레 구두

공복을 걸머지고는 다시는 걸을 수 없는 신세라도
남은 한 발은
시려도 걸어야만 할 터 인데
나다닐 남은 세월이 얼마인데

싫어도 찾고 있을 짝이 있기에

눈 가리기 좋은 밤을 기다려
슬며시 주워

가슴에 품는다.

\- 2018년 11월 초

이슬

안아 달라 보채던
강보에 싸인 아기 눈물
보자기 조각 위로 떨어지듯

솔잎 먹고 자란 아침 이슬
찬 서리에 거칠어간다

보드라운 꽃 살결은 꿀벌 맞아 웃었는데
여명 눈물 하염없이 거세져간다

기약 있는 미소 다정했다만
기약 없는 울음
힘없이 터지고 만다

하품하는 햇살 양팔 벌려 세상 껴안는데
그 곁에
어느새 근심 소리 벌렁 눕는다

더 있으라는 몸짓에도

풀잎 끝에 매달리기 버거워서

흙물이 될 때까지

*아모르 파티 잔뜩 짊어지고

꽃 입술 꿀벌 맞듯

이슬은
찬 서리 맞는다.

- 아모르 파티 (amor fati) : 니체 사상 중 하나로 '운명에 대한 사랑'
- 2018년 11월

아내의 성(城)

한번쯤 긴 세월에서 한 뭉치 떼어 내어
모래시계 뒤집어 놓고

기대에 속아 살아가며
서럽게 애태우던 뒷모습에 헛웃음 챙겨본다

여렸던 마음 가지
소소히 끌어 모으며
머리 짓이라도
서러운 심정 떨구며 쓰린 속 삭아 내리면

밥 한술 보태어
비록 허술한 울타리 걸쳤어도
이내 한 성(城)이다

때도 없이 나오는 한숨 애써 몸부림쳐 날려 버리며
살붙이에 얽매이는 목 줄기
참아가는 성상도 장식일 뿐인
한 성이 된다
손에 쥐어주지도 못하면서 등 두들기며

잘 다녀오라는 말 한마디가
때론 힘겨운 질타되어 수렁에 빠져 허우적거리지만
바람이 차도
따뜻했던 때를 그리면서

하나이길
하나이길 바라는 동석(同席)의 아쉬움이
서로의 마음이 된 아내의 성이 된다

살결만큼이나 까탈스러워지는 마음이 야속하기도 하려니와

옹골차게 야물어가는 자식이 아른거려

시린 눈을 부릅뜨고
마음 깊이 꼭 매어 엮어 놓는다

돌이켜 봐도 그 자리에 있는
아내의 성을 짓는다.

- 2018년 11월 중순

묘항현령(猫項縣鈴)

어울려 잘 놀아보자는 참새 소리에
꿈쩍도 안 했건만

귀 끝 대고 소곤대는 낙엽소리에
이다지 움츠려드는 건

수군대는 묘군(猫群)
발자국 소리에 한참이나 시달려서 그런가보다

배가 불러서도 고파서도 그러는 건 아닌데

묘하게 곤두세운 꼬리 모양도

그냥 나들이 가며 어슬렁거릴 뿐인 걸
그저 스쳐 지나가는 바람결일 텐데

한 끼 찾아 나서야
별을 보아야

살아 갈 것을

무거운 발걸음 한 자국도 떼어 보지도 못한 채
서성대며 망설인다

떼 소리가 지나가야
구멍에 별이라도 들라치면

손아귀에 쥐고 있던 방울은
땀으로 미끄러져 나뭇잎 뭉치 더미로 굴러 간다

이마저도 들킬까봐
얼른 달려 나가 주워
손안에 끌어 둔다

코끝에 방울방울 한숨이 뭉쳐진다

언젠가 넘길 숨이건만.

- 2018년 11월 중순

아내

빌딩 숲 너머
듬성듬성 자라 난 소나무 몇 그루 사이로
하루를 마감 짓는 석양이 지켜본다

겨울 찬바람이 볼을 스쳐가도
싸늘한 시선에 고개를 못 들어도
억지로라도 해님이 구경삼아
마을 한 쪽에 놓여있는 벤치에 아내와 앉아 본다

삭신이 쑤셔 와도
마음은 늙지 않으니 이 모습이 정겹다

기대보려 하면
그 잘난 어깨선도 못 오게 뿌리치더니
이제는 먼저 은근슬쩍 아내 가슴에 얼굴을 묻으려 하니
이미 아내는 연약한 여인이다

잘 해 주리란 말도 돌이킬 수 없는 세월 앞에는
바람결에 속절없이 묻혀버리는데

장갑 벗어 던지고 마음을 모아
슬며시 아내의 손을 잡아본다

꽉 잡은 이 손은 어머니 품이려니
노스탤지어 그려본다

아내의 손은
포근하고 따습기만 하다.

- 2018년 12월 벤치에 앉아있는 노부부를 보며

이기석 시집

02

4월의 아지랑이

꽃

꽃이 있어 좋다
살아 있어 좋다
곁에 있어 좋다

이, 저
어우러져 한바탕 소란피어 좋다
우리네 흔들어서 좋다

고통으로 몰아쳐도
마음을 휘감아도
아파해도 좋다

결국은 카타르시스 되어 흘러내릴 것을
그리고
사람이 꽃이다
시들어서 아름다운 꽃이다.

- 카타르시스(catharsis) : 고통의 설사

꽃 마음

춥기도 했거니와 없는 것도 너무 많아 그대로인 줄 알지만

때가 되니
흙먼지 털어내고 슬그머니 고개 한번 들어 본다

여기 저기 흩어져 그냥 있는 대로 갖춰 입고 나서 본다

예쁜 척도 안하고 뽐낼 줄도 모르는데
다들 찾아와서는 그런다고 한다

형형색색 두를 마음 전혀 없는데
로돕신 지닌 이들이 그렇게 보는 게다

움직이질 않아서 찾아가진 못해도
좋아 죽겠다고 오는 이들이야 기꺼이 받아들이고 말지만
마음이야 반갑지도 않다

꿀점까지 내놓고 대접을 할라치면
무심하게 눈치도 없이 지나쳐 버리고

고맙게도 벌 나비가 찾아 주어 아낌없이 부비대며 놀아주니
꽃가루 나누는 횡재가 굴러온다

호사로운 눈요기만 즐기면 됐지
꺾어 보겠노라고 끊고 따는 저들이 있어
마음이 아프고 쓰리기도 하지만
엽록소 한 뭉치로 돌아갈 여운은 있어
미련 없이 마음을 놓는다

흘러 돌아 때가 다시 올 것이니
어울리어 한참을 누리고 고고(孤高)하게 홀로 서서도

지는 날까지 살아가련다

서 있으련다
변곡점을 찍으며.

- 식물들은 '꿀점'으로써 곤충에게 꿀샘을 알려주는 안내표지판 역할을 한다. 꿀점은 성공적인 꽃가루받이를 위한 식물의 전략이다.
- 2017년 4월, 꽃구경하는 인파 속에서

여자(女子)

여자(女子),
애끓는 단상(斷想)이다

무릇 눈떠보니 여자인데
싫어해도
어쩌다가 밟고 있는 걸음 걸음인걸

무작정 뿜기만 하던 향기를 그리워도 하지만
때맞춰 찾아주는 빗줄기 한 모금
누워서라도 받아들여 봉오리 맺혀 놓다

열매 기껏 한번 볼라치면
의미도 부여치 않고 만져보려 해도
하지 말라는 소리에 움츠려져 물끄러미 쳐다만 봐도
이 세상 내 것이다

세상 잡일 바쳐 들길 식상하도록 해오건만
돌아보면 사라지는 기억들 뿐

볼따구니 주근깨야
떠돌다 흩날리다 붙어버린 이파리라 치부할라 치면
속상하니 거울을 엎어버린다

손때 묻은 추억은 주름살로 패어가고
젖 물리던 시절 한동안 잊기 싫은 한 때라 위안삼아
옆구리살 퍼진들
미소 채워 한바탕 수다 한 그릇 퍼먹으면 될 터이다

침 삼키면서도 배고프지 않은 인상으로라도 남아있어야
아파서 엄살 부리는 거지만
속까지 그런 거는 아닌 척하다

무궁화 그렇듯이
나무껍질 마냥
휠지언정 부러지지 않는

女子,
그 일생이란
끝없이 피는 꽃이다.

- 2017년 4월 중순　자식들 건사하는 꿋꿋한 엄마들을 보며

사월(四月)의 아지랑이

사월 낮에 더워지면 아지랑이가 피어난다

사월 아지랑이에는 힘이 있다 아이러니이다
혹독한 양
희망이고 바람이다

겨우내 지르던 악다구니 이내 잔잔해지니 말이다

움츠렸던 성상(性狀) 분출되더니
오히려 끌어안는 포용이니 말이다

아른거려 신기룬가 했더니
아스라이 들판 너머
그려오던 노스탤지어이니 말이다

들뜨게만 하는 미물인가 했더니
봄빛으로 세로토닌 안기기만 하니 말이다

아웅다웅 다투더니
같이 걷고 있으니 말이다
아지랑이에 현혹되어 그곳으로 마냥 챙겨주며

걷다 굴러 떨어져도
감고 있던 피멍 안에서는 속살이 나고 있으니 말이다

들꽃들이 함초롬 피어난다
아지랑이 앞서거니 뒤서거니 피어난다

그러거나 말거나
四月,

아지랑이는 피어오른다.

- 2017년 4월, 인천대공원에서

엄마

아프다 해도
제 손으로 양말도 못 신을 처지가 되니 부르고 싶어 한다

젖품 찾아 보채다가도
옹알이로 놀소리하다 아기들이 내 뱉는다

넘어져서 그까짓 것 하면서도
얼굴 한번 쳐다보며 아이들이 읊조린다

방에 처 박혀 모른 채 하다 가도
사춘기 소녀는 아쉬우면 외쳐댄다

인생 수업하다 시린 고비 부딪치면
눈시울을 붉히며 설운 모습 그려 본다

자신의 실루엣이 겹치는 순간
수다 떠는 아낙들 허공에 대고 긴 숨 쉰다

한복 곱게 차려 입고 스쳐 지나가는 여인네
시나브로 입술을 떨게 한다

한 백년 살아오다 온몸이 쑤셔오는 이
이제는 곁에 머물고 싶어 한다

거칠게 살았어도 무슨 연유가 있었기에
입 닫고 불렀는지
돌아 서서 느꼈는지

한 줌 재로 봉안되어 눕게 된들

그 품 찾다
온 파토스 쏟아낸다

그리움에 아쉬워
소리 내어 불러들 본다

엄마 엄마

엄마.

- 2017년 6월

돌아가는 길

돌아, 돌아 여기까지 겨우 왔는데
다시 돌아간다

어쩌다 마주친 인연 곁에 두고도
서성이기만 한다

슬픔에 울다가도
우연히 다가온 행운이라도 찾아오면 웃어도 보지만
골칫거리 한방에 역겨워서 찡그린다

메마른 땅에 그립던 빗방울 떨어지나
이내 넘치는 물줄기를 걱정 한다

싹 트이고
줄기로 나서 열매 맺다 떨어져 나가고 또 싹으로 돌아간다

아이인 게 엊그제
흙 위에 태어나 세월에 밀려 욕(慾) 정(情) 뒤섞이다
한 줌 재로

흙 안으로 스며들 것을

백두옹 할미꽃 손짓에 꼿꼿하게 끌려가다가
어떻게든 살아남으라는 잡풀 속삭임에 넘어가버리는
사람들

돌고 도는
인생,
윤회(輪廻)인 것을

이제
깨닫는다

울컥하며.

- 2017년 7월 2일　부모님 봉안하여 예산 가족묘로 모시며

궁지(窮至)

거센 물살로 뭇사람들의 범접(犯接)을 막아서더니
연륙교로 뭍과 이어 놓으니
번민 싸매고 발길 향해 본다
알음알음

골짜기 냇물 강 건너 바닷물 이루노니
방울 방울

흩어진 돌멩이 모아 소망탑 쌓아올리니
조각 조각

칼로 베인 깊은 상처도 새살이 차오를 터
차곡 차곡

막힌 마음 뚫어보자고 던지는 말마다
주거니 받더니 정담되어 함께 한다
마디 마디

내려올 산 땀 내 가며 오르며 시들어 지고 말 걸 왜 사냐고
의구심 채운 가슴 비우며

그냥 그냥

말없이 공양으로 배 채우며
한 술 한 술

웅덩이 속 연꽃
꽃대 세웠는데 흙탕물이라 구박받으면서도 함초롬히 피어나니
염화미소 확 날린다
산들 산들

눈썹바위 밑 마애불상
자심(慈心) 에두르고 석공 혼 불어넣어 새겼듯이
야금 야금

걷다 보면 기어코 도달한다
그곳에

걸음 걸음.

- 2017년 7월 중순 삼산연륙교 개통으로 강화보문사 다녀와서

외모 경계선(外貌 境界線)

외모 경계선을 넘어서면
안경 너머 눈동자가 풀리고
옷매무새가 헝클어지고
눈초리는 처지며
기습적인 입맞춤이 날아든다

외모 경계선이 뚫리면
외모 경계문이 열린다
거친 마음 미운 마음 예쁜 마음
한데 어우러져 닫힌 마음도 열린다

외모 경계문이 열리면
배짱도 세져서 물건도 잘 팔고
화장도 않고 현관문을 나서고
세상에 맛없는 게 없고
지 자랑도 마음 놓고 하고
얼굴 근육도 잡아 당겨 동안을 만들어 본다

외모 경계문이 터지면
속옷만 걸치고 계곡물에 뛰어들어 물장구치는 아이가 된다
사람들이 있으나 없으나 서로 끌어안아도 되는 줄 안다
말이 되든지 말든지 막 내뱉는 무뢰한이 된다
싹쓸이하는 바람에 맞서도 이길 줄 안다

외모 경계선은 찢어져 너덜거리나

외모 경계문은 아직 닫혀 있다.

- 2017년 8월

시월

시월이 오면
어느 정도 나이 든 이의 마음에
감상(感想)이 찾아온다

때가 되면 허기 마냥 밀려오듯
아직 두 달여나 남아 있다는 위안과 함께

지난 시간
준 것도 받은 것도 해놓은 것도 없어
그래서 부끄러워
가지가지에
점점이 불그레한 표시 주섬주섬 수놓았건만
창피하니 오지 말라고 해도
굳이 오는 마음은,

지 딸이 이 세상에서 제일 이쁘다고 해봤자
찬 서리 한 방이면 고개 떨궈 떨어질 이파리
낙엽이건만

아름다운 추억으로 새겨지는
단풍놀이로 둔갑하더니
호들갑으로 치장된다

멀어져가는 시간 뒤통수에 소리쳐야 듣기나 하려나
구차하게 잡아봐야 미끄러질 게 뻔한데
내버려두고 그냥 기다리면
다시 온다

시월.

- 2017년 10월 말

은행(銀杏)인 것을

늦가을이 저물 즈음
동네 어귀에 홀로 서 있다

노랗다 못해 샛노란 이파리 가득 머금고
가지가지 사이에 새끼들 주렁주렁 달고
보일 듯 말 듯 숨겨놓고

억지로라도 웃는 척
찬바람에도 아니라고 우기는 척
양팔은 벌리고 갖은 손가락은 하늘로 뻗친 채

자두(杏)인 것이 은은(銀)하게 뽐내며
태고 적부터 이 땅에 머무르니,

수나무는 저만치 떨어져 살아
붙어서 사는 연리지 마냥 부러울 때도 있지만
쌓이는 그리움은 자식들이 위안이다

어쩌다가 스쳐가는
팔짱 낀 연인에게

한 잎 두 잎 떨어트려 시선을 빼앗아 보지만

멀어지는 그네들 허리 뒤춤을 잡아보다가도
어이 가라고
바람결 빌려서 이파리 뭉텅이로 날려 보내준다

무시할 땐 언제이고 알맹이 좀 달라고 하니
그냥 주기는 아쉬워
그리움 앓은 마음이나 알아 달라는 듯
아픈 냄새 뿌려댄다

이제는 처지지도 지긋하지도 않으니
기다릴 다음 해도 있으니

찡긋 눈짓하며
서 있다
이대로 은행(銀杏)인 것을.

- 2017년 11월 초

찰나

어쩌다 우울할 때 느른한 삭신으로 발길 닿은
전등사 초입

수백 년 된 넉넉한 느티나무
꼿꼿한 소나무를 지나고 나면
찰나를 스친다
부처의 암시가 있어야 알아차리는 마음

옹기종기 모여 연꽃 향 차 마시며
수다를 펼치다가도
순간 멈추는 건

아프다가 낫거나 슬프다가도 기쁘거니와
쓰라린 가슴 틈새로 비집고 들어와 깨우치는
찰나,

대웅전 지붕 모퉁이가 내 집인 양
살아온 그 긴 세월 동안
알몸으로 꾸부린 채 처마를 이고 있는 저 여인도

번뇌로 에둘러진 아픔이야
찰나와 억겁의 겹줄이거늘

내려다보면
빌기만 하면 거저 얻을 수 있는 빈 마음인 줄 아는
오만상으로 찡그린 뭇사람들을 비웃어서 좋고
치켜보며
바다 멀리 석양 배도 즐길 것이니

아픈 짐 버리고 난 마음 꽉 채우며
감정 경계선을 내려치는
찰나,

고단한 일상이 닫히며 밤이 깊어간다
찰나를 베개 삼아 잠이 든다

점잖게.

- 2017년 11월 중순 전등사에서

정수사(淨水寺)

마니산 한 바퀴 감고 돌아
동녘 기슭 깊은 곳에 자리 잡고 앉더니
기지개 켜며 먼동 트는 해
하루를 다 갖고 지는 해 기운을 온몸으로 빨아들여
형세 감추고 양지바른 깊은 터에 가부좌 틀고 있다

멀지 않은 언덕바지 한 편
고승 부도(浮屠) 곁
사리 지키며 뜻을 받드는 듯
풀덤불 속 소나무 두 그루 청아하게 서있다

울적한 심사 달래려 찾아오는 길이건만
입구부터 스산한 오솔길에 착잡해하니
숲 품이 마음 넓은 길로 손짓한다

지나쳐 산등성이로 발길 잡다가도
은은한 목탁 소리에 귀 쫑긋하고 비구니 읊는 불경에
제 길 찾아 돌아선다

보시 한 줌 올려놓고
삼배로 바람을 빈다며 마루에 이마 박고 양 손 슬며시 치켜들다
두 눈에 눈물이 맺히니
이제는 맑은 물 다 닳고 달아나서
산세 들이마신 기운으로 고인 눈물 닦아 준다

빈 마음으로 사뿐사뿐 내려가 마황 산채 밥 한 술 들다가도
다시금 휘감겨 둘러치는 숨결에
돌아서 깨금발로 달려본다
까치발로 넘나서 본다

어지러운 마음 어느새 지워주는

그리운
맑은 물.

- 2107년 11월 중순 강화 정수사에서

목련(木蓮)

이렇게 피우다말고 꽃잎이 떨어지니
지다말고 알게 모르게 밟히고 만다
지려고 피운 건 아닌데
지며 씨알을 남기는 건,

서릿바람에 살도 에우더니만
미풍을 그렇게도 기다리더니만
오직 지려고 피우는 건 아닌데
지는 날까지,

비 온다고 못할 건가
바람 불어 주저할 건가
먼지 날려 피할 건가

기어코 웃는다

이이 헤헤 하하 하며 웃는다
속으로도 웃는다

밟히어서
아파도
눈물이 나도 웃는다

그대는 목련(木蓮).

아부지

아빠는 무쇠팔 태권브이

서커스 안 보여요. 무등 태워 줄게.
말이 타고 싶어요. 엎드릴 테니 올라타라.

아빠는 만능 선수

차는 공마다 골인, 치는 공마다 홈런, 쏘는 슛마다 적중
우리 아빠 최고

아빠 호주머니는 요술 상자

빵 치킨 피자 햄버거 먹고 싶어요. 그래 먹고 싶은 건 먹고 커야지, 사먹으려무나. 책 사야 되는 데요. 옜다, 세상의 쓸모 있는 사람이 되려면 책을 많이 읽어야 된단다. 콘서트도 가고 영화도 봐야 돼요. 느낌 있는 삶도 필요하다. 조심히 다녀와라. 아빠 우리 해외여행 가요. 맞다, 견문을 넓혀야지 하와이도 갔다 오자. 독서실 다녀오겠습니다. 굶고 다니지 마라. 손에 쥐어주는 쌈짓돈. 등록금 고지서 여기 있습니다. 학비 걱정 말고 지성인이 되어야지.

아부지

저희들 왔어요. 많이 야위셨어요? 먹을 것 잘 챙겨 드셔야죠.
경기가 나빠서 용돈도 많이 못 드리고

빈 호주머니 속 동전 서너 개 만지작거리며
아부지 아직 돈 많단다 언제라도 오너라

보일까봐 돌아서서

눈에 뭐가 들어갔나
찬바람 쐬서 그런가

두 눈에서 눈물이
주르르
주르르.

딱지

넘어 간다 넘어 간다
휙
한 방에 넘어 간다
어이쿠

이러다가
내 차례다

각치기 내려칠까
가로치기 끼어들까

아빠 딱지 센 기운에
휘리릭 휘리릭
솟구치는 공중제비
도로 앉아 버텨 낸다

쑤욱
형아 딱지 밀어치기
떼구르르 굴러 굴러

이겨 낸다

이번에는 아기 딱지
막아내다 넘겨주나

여린 입김에도
나가떨어지니
에구 에구 에구구

요상하다
딱지 세상.

이기석 시집

03

청소 다 했는데요

말 못하는 밥통

언제부터인가 말하는 밥통이 밥을 짓는다
말 못하는 밥통도 밥을 짓는데도 말이다

자판 없이 손글씨만으로도 글을 짓듯이
낡은 악기만 있어도 곡을 만들 듯이
섬세한 손길만 있어도 자수(刺繡)를 지어내듯이
질러가지 않아도 이르는 종착역이 있듯이
꿈틀대는 손 다리만 있어도 못 넘을 산은 없듯이

다 가지지 못해도 웃을 수 있는 것처럼
눈 감고도 마음으로 볼 수 있는 세상이 있는 것처럼
스치기만 해도 만들어지는 인연이 있는 것처럼
작은 돌맹이가 모여 모여 탑을 이루는 것처럼

소소한 이것 저것으로 큰 사랑 만들 듯이
말 못하는 밥통은 밥만 잘 짓는다.

- 2016년 9월 20일 밤 차이나타운 카페에서 사회대 동아리 모임 후

대박이

꿇는 무릎이 아파해도
엎치락 뒤치락 기어가며

옹알이로 온 세상에 소리치던 것이

엄마 손길 떠나서는
아장 아장 걸음마로

이 품으로 오겠다니

양손으로 맞이하려
다가서고 본다

스치듯이 곁을 지나가는 모양새에

쌓아 놓은 바람만이 삶아진다

천연(天緣)은 있는 건가

넘어져도 돌아서서
씨익 웃어주니

속 터져도 기꺼이 기다린다

언젠가는 뜀박질로 온다니까.

- 2016년 3월 초 자식을 바라보는 애비의 마음('대박이'는 아기의 별명이기도 함)

글 짓는 늙은이

등은 굽었으나
손은 멀쩡하기만 하다

허연 머리칼이나
머리는 까맣기만 하다

갈라진 목소리이나
말은 카랑카랑하기만 하다

주름진 얼굴이나
눈망울은 초롱초롱하기만 하다

빵 먹는 젊은이
등 돌린다 해도
집 짓는 이
쓸 데 없다 해도
젠 체하는 이
눈 흘겨보아도

마음이 허기져
정한(情恨)으로 헤매는 이
바람은 있으나 쌓을 줄 모르는 이

함께
울고
또
울어주기 위해

오늘도
종이와 연필 곁으로 다가선다

- 2016년 3월 어느 토요일 오후, 세상 사람들에게 말하고 싶어요

사람이다

이 곳 저 곳 사방에서
급작스레 날아든다
스트레스

앞에서 치이고 뒤에서 밀리고
스트레스

날려버린다 핑계삼아

뽐내면서 쇼퍼홀릭 잘났다며 워커홀릭 숨어서도 알코홀릭

그래서도 스트레스

피폐해진 만신창이

올되이고

올되려면

거꾸로 서도 뒤집어도
사람이다

어차피
이래저래
사람이다

어제도 오늘도 내일도

품어서라도
사람이다.

- 2016년 3월 어느 토요일 밤 동네 한 바퀴 돌다가

청소 다 했는데요

빗자루 로봇칼 되어
챙 챙 챙 챙

걸레 말아 너도 나도
뺑 뺑 뺑 뺑

책상 주위 모여라
동전 쌓기
와 르 르 르

창 너머 선생님 얼굴에
청소 다 했는데요

참 잘 했어요
집에 가도 좋아요

야호 어서 가자

마음 스쳐 머리에 맴도는 말

놀기만 했어요
다음엔 잘할 거예요

귓전 돌아 등 뒤로 쫓아오는 소리

다 안다 애들아
뛰어가지 마라
넘어진다
다칠라.

- 2016년 3월 중순 (무전취식하고 도망가는 노숙인에게 국숫집 할머니도 비슷한 말을 했답니다.)

송이 송이

송이 송이 꽃 송이
돋아나고 솟아나네

햇살 쫓아 우러나네
우리 찾아 피어나네

할매 송이 애비 송이 아기 송이
오순도순 가족 되네

큰 녀석 작은 녀석
우물쭈물 어깨동무
송이 송이 친구 송이

외톨이도 끼워주자
토라져도 붙여주자

송이 송이 우리 송이

곁들어서 올라오네
이쁜 자태(姿態) 뽐내면서 터트리네

소리 내어 웃으면서
망울지네

쌀쌀해도 치고 나오네

송이 송이
우리네 꽃 송이.

- 2016년 3월 24일 매화나무에서 피어나는 꽃망울을 보며

울어야 눈물이 난다

울어야 눈물이 난다
메마른 감정이라면 궁색한 변명이다

질퍽거리며
앞서거니 뒤서거니
오히려 걸림돌 되어 멈춰버린 발걸음

미칠 듯이 달려보나 이르지 못하여 빈 마음

인간제(人間製) 디지털 기기 이기려다 구속되어버린 영혼

쓸쓸히 살아가도
제대로 사는데도 어느새 스며든 눈 속 이물질

입김으로 불어도
찬물로 씻어도
주먹 쥐어 비벼 봐도
뒤집듯이 거꾸로 서본들

체 빠지듯이 도망친다

다시금 걸음 재촉하려면
마음 채우려면
영혼에 자유를 주려면
눈엣가시 떨쳐내려면

떳떳하게 살아가려 한다면

눈물이 나야 한다

울어야
더 실컷 울어야

눈물이 난다

- 2016년 3월 말 그저 거리의 사람들을 보며

흙밥

봄날 논밭에
항상 그랬듯이 거름을 주는 농부의 손길처럼

뭇시선에 부끄러워도
보채는 아기에게 젖가슴 물려주는 에미이듯이

업어달라는 손주 녀석에게 굽은 등 내어주는 할미처럼

며칠 굶은 몰골로
먹잇감 낚아채고는 의기양양 맹수처럼

금도깨비 불러들이는 주술사의 몸짓인 양

답 기다리며 초조해하는 환자에게
위 아래로 흔드는 의사의 고개이듯이

가뭄 뒤 온 세상에 자양분 뿌려주는 단비이듯이

엘리엇의 잔인한 달에
그럼에도
이 따뜻한 날에

새싹
트라고
돋아나라고

한 삽
두 삽
듬뿍 듬뿍

푸석해진 봉분 위에 흙밥을 준다.

- 흙밥 : 호미, 삽 따위로 한 번에 떠 올리는 흙.
- 2016년 4월 초 한식날 성묘하며

사랑합니다

엎드려 사랑합니다
설 수도
앉을 수도
누울 수 있는데도
엎드려 사랑하려 합니다

혹시라도 추한 모습 볼까 봐
눈 감고 사랑합니다

감은 눈으로는
먼 데까지
아주 먼 데까지
안 보이던 마음도 볼 수 있으니

바닥도 그리 차지만은 않으니
머리 박아 읊조리며
마음껏 상상할 수 있으니

어설픈 뒷모습 들키더라도

엉거주춤 힘든 모양 감출 수 있으니

누가 뭐라 한들
씹고 곱씹을 수 있으니

수도하는 흉내 내는 듯
질퍽거려도

살찌운 알맹이는 건져내는데

오롯이 아름다운 모습만 볼 수 있다면

속살 드러내 부끄러워도
차마 사랑할 수밖에 없기에

마음 편히
엎드린 채로
지금
사랑합니다.

- 2016년 4월 19일 시험 준비하다 문득

심(心)

조잘대며 어깨동무하다가도
땅 따먹기 딱지 놀이하다가
오늘은 다 잃었으니 내일 두고 보자는
오다가다 스치면서도 그냥 만나리라는
애들의

보이지 않는 신기루 잡으려
마냥 어디든 가고픈
오이디푸스 넘어서는 참사랑으로 치닫고도
사랑소리 돌들리어도 두 손 꼭 잡고
끊임없이 이어지리라는
속절없는 젊은이의

상념에 사로잡혀도
세월 드론처럼 날아가는데
베푸는 디엔에이 자식에게는 물려주어
언제든 보상 받아 내리라
착각하는 장년의

오늘 누울 자리
내일 쉴 자리 한 평 반이면 충분하거늘
아니면 한 줌 재 되어 흙으로 돌아갈 것을
꽃이 애들이 좋아진다는
이제는 다 버려도 미련만은 못 놓겠다며
애들 곁으로 어느새 스며드는
발버둥치는
나이 먹은 이의

어울리는
돌아가야 할 흙의 품이 있건만

이는
모두의
마음
심상이더이다.

- 2016년 4월 말 이웃 사람들과 한 잔 하며

둘이서

오늘도 혼자 아닌 둘이랍니다
사람인지라
서로 기대보라고 둘이랍니다

태초에 합체이던 것이
잠시 떨어져 있어도 둘이랍니다

어찌하여 등 떠밀어도

마음 할퀴고
욱신거리는 몸을 움직여도

매몰찬 시선에
응어리진 가슴으로 살아가도

먼발치에서만 치어다보는 처지라 해도

내리는 비 맞아서라도 당해 내듯
해진 마음 꿰매며

어차피 만나야 할 것을
기대야만 설 수 있는 것을

차가워진 손이나 꼭 잡아 덥히며
서로 부둥켜 안겨

온 곳에 묻히고픈
그 땅으로 돌아가고픈

우리는
둘이랍니다.

- 2016년 5월 10일 비오는 출근길에

이제는

언제부터인가 생각거리가 들어오고 날아오고
차고 넘쳐야 전두엽이 움직이고
이는 살아 있음이라

넘쳐야 생생하더니만
어느새 과부하라 거부할라치면
이건 아니라고 발버둥치고 있다

무슨 욕심이 있어서도 아니건만
비워도 버려도
들이고 채우려는 삶은 아파서라도 버티려는 건가
미련을 놓기 아쉬워 지르는 악다구니인가

마주치는 청춘들의 작은 소리에도
끌리듯 스며들어
좇아 웃고 말 것을

무엇이 아깝다고 버리지도 못하면서 이리저리 나뒹굴고 만다

없어진들 어찌하랴
사라진들 어떡하랴

그래야만 하는 생각거리인 것을

그만
이제는

놓아야한다 버려야한다 가게 내버려두어야 한다
어디든 묻히라 해야 한다

이제는.

- 2016년 5월 12일 은행중 뒷길 공원을 걷다가

다리가 있어 선다

이 다리가 있어 기고 걷고 뛰어 간다
저 웃고 우는 다리가 있어 식솔이 뭉쳐 간다

땅을 밟는 게 다리가 있어서고
서러움 달래고
아픈 맘 푸는 게 다리가 있어서다

설 수 있어야 힘껏 달린다
다리가 있어야 다시 끌어당긴다

기어간다 해도 다리라도 있어서고
겨우 꾸려가도 다리가 있어서다

상처 난 곳 새살 돋을라치면 금세라도 움직여 본다
부서진 구석장이 다리가 있어 언제라도 이어 준다

외다리일망정 가기는 간다
헤어진 채 살아도 다리 끈마저 끊긴 건 아니다

아프다 아프다 하면서도 다리가 있어 가는 게다
힘들다 힘들다 하면서도 다리가 있어 사는 게다

이 다리가 있어 힘이 서고 저 다리가 있어 우리네 집이 선다

이리 저리 섞여서도
다리가 있어 선다

비틀거려도
선다

남부끄럽지 않게
보란 듯이.

- 2016년 5월 18일 몸도 마음도 아프다는 사람들을 보며

원죄(原罪)

아담의 외침에 호응하려는 건가요
스티브 잡스 탓만 할 건가요

언제부터인가 애 어른 할 것 없이
시도 때도 없이 고개를 숙이고 있네요

산과 들로 풀 향기 맡으러 가도 고개를 숙이네요

제 자리에 그냥 서 있는 나무 기둥에 부딪치면서도
고개만 숙이네요

밥 한술 뜬다면서도 고개는 왜 숙이나요

식구들이 모이면 마음은 모으지 못하고 고개들만 숙이네요

일 찾아가는 사람들을 보면는요
원죄에 화답하듯 진지하게 고개를 숙이고들 있네요

소리만 나면 민감하게 반응하던데요
아담의 외침이라 보는 건가요

속죄의 마음이면 고개 숙여 두 손을 모을 텐데
엄지 검지만 꼼지락거리네요

이제는 고개를 들어 봐요
보채는 아기 울음소리에 엄마 품을 내어주고
낭랑한 아이들 소리에는 아빠 기운 나눠줘요

이제는 고개 들어
높푸른 하늘을 보아요
여물어가는 열매를 쳐다 보아요

이웃의 얼굴을 보아요
마음을 보아요
가슴속 소리에 젖어보아요

스티브 잡스의 창시물은 그대로인 채로,
아담의 사과는 영물(靈物)로 두고.

- 2016년 9월 25일 일요일   스마트폰에 빠져있는 사람들을 보며

아프다는 거

아프다는 거
사는 거다

마음이 아프고 속이 쓰리다는 거
사는 거다

곪은 상처에 새 살 돋을 때까지만

몰아치는 상념의 바람 그칠 때까지만

쓰라린 슬픈 마음 가실 때까지만

더위는 지나갈 때까지만

추워야 훈풍 불 때까지만

사는 거다

새 살에 또 다른 상처 덧씌우니
반전이 있다한들 아픔이야 여전하니

아프다는 거 산다는 거
명제가 거짓인 줄 알면서도
참이길
기대에 속아서 사는 거다

아프면서 사는 거다

살아가는 게
참이라는 바람이 일 때까지 만이라도.

- 2016년 11. 15 스산한 바람 부는 날 밤에

이기석 시집

04

살아있음에

망부(望夫)

출렁이는 파도에
살을 에는 찬바람에
벌거벗은 몸으로

무엇을 그리는가
무엇을 바라는가

오직 그를 기다림에
이렇듯 다소곳해야 하나

이 낮에도
그 밤에도

그렇게 기다림에도
여인의 그이는
정녕 안 오려는가

이 해가 다 가도록.

- 2011년 12월 말 변산반도 채석강 망부석 앞에서

동설(冬雪)

정겨워 보이는 동설(冬雪)이
삭풍에 휘날려
볼이 시리고
마음이 아리다

그대들,
우리 마음에 닿으니
더욱 시리다

부대끼는 군상(群像)에게는
여전히
아리다

내리쬐는 햇빛에
발산하는 그 기운에
녹아내리는
이, 저 갈등의 소용돌이건만

그래도

시리고 아린 마음을
이제는 내려놓는다.

- 2013년 12월 중순 군자 들판에서

인생

산다
산다
살아간다

의외의 소용돌이에
울컥 붉은 물 들 듯이
살아간다

불현듯 아이들 웃음소리에
노란 물 맞아가며
살아간다

이리 저리 단풍잎 밟히듯이
살아간다

어디로를 모른 채

왜를 잊은 채

잊혀지며 살아간다

그래도 살겨운
사람 향을 맡으며

아
가을인가보다

인생인가보다.

- 2014년 10월 24일 군자중 교정에서

설야(雪野)

살포시 드러눕는다
거친 들판 위에
그냥 그대로
나뒹굴며 내려앉는다
백설(白雪)무리들이

노래 부른다
지저귄다
휘젓는다
이렇게 살아간다
이 차가운 흙더미 위에서
일상의 군상(群像)들이
우리들이

가만히 숨어 있다
그러나 꿈틀대며
봄날를 기다리며 그 푸른 새싹들이
그대들의 꿈 너머 꿈들이

그리고는

웃는다

아름다운

그대들이.

- 2011년 12월 하순 눈 오던 날 군자산 자락에서 (군자인이여! 깨어나라! 일어나라! 가자꾸나! 어서 어서! 그대들의 꿈을 향해)

금강(錦江)

헤매던 영혼들의
검던 머릿결은
다소곳이 고개 숙인 할미꽃 꽃술이고

질러대던 목청이며
거침없던
그 객기는
살포시 이렇게도 저렇게도 흩날리는
들꽃 이파리이고

어디이고 찾아가던 몸뚱이는
궁시렁대는 주름살이 선 노인이고

공산성 그루 그루 나무 잎새 내음에
쿵쿵대며
금강교 지주 바라보다
흐늘대는 강가 수양버들 가지에
따라 웃다가
물줄기 이내 차니

소생하듯 으스대고

제민천 가 칼국숫집
변해버린 그 모습에 발길 돌리다
추억어린 순댓국집 겨우 찾아 들러 보니

어느새
게슴츠레한 눈
질그릇 순댓국 한 사발에
어린아이마냥 응시하듯
마음속에 파고든다.

錦江
내딛는다 내딛는다
어디든지
내딛는다.

- 2015년 5월 17일 錦江邊에서

당신

살아가다 아프다고 찡그리는 얼굴을
이쁘다고 해야 하는

세상사에 속앓이 하는 가슴을
살포시 안아주어야 하는

찬바람 불면 시려온다는 손끝을
부여잡아야 하는

부대끼는 인파에 한숨 쉬며
불그레해진 볼에
입맞춤해야 하는

곁에 있어 성가시어 떠나가다
발길 돌려야 하는

헤어지는 인연들에 아쉬워하는 모습에
마음속 정(情)을 주어야 하는

잊히기 전에
실컷 불러주어야 하는
그 이름

작은 소리에도 움츠리기에

당신, 당신.

- 2015년 한글날 서울 가는 전철 안에서

순천(順天)

살아가는 게 머시기요

술 한 잔 두 잔으로
너, 나 우리라고 우겨대도

새떼,
순천만 여객선 엔진소리에 놀라
먹이 쪼다 말고 쫓겨나듯

억새풀 갈대도 모르면서
보겠다고 찾겠다고 생태 들판으로
다가오는 구경꾼들마냥

몽롱한 눈 비비며
용산머리
뚜벅 뚜벅 걸어 올라가고

쓸쓸한 추억 뒤로 한 채
넓고 순한 땅 밟으니

이래도 저래도

인생사란

하늘의 뜻을 따르는 것이라오.

- 2015년 10월 마지막 날 순천 용산전망대에서

우리는

나뭇가질 잘라내도
나는 순(筍)을 어쩔 것이오

잘리어도 더 진한 잎이 돋우니
어쩌란 말이오

엇박자라도 노래는 계속되는데
우리는

치이고 부딪쳐 돌아갈망정
간다는데 어찌할 것이오

지르는 환호 속에
우리도 끼어 넣고 말이오

조각 조각 모아 걸작 만들어
예술 혼 뿜듯이

우리는 가겠다는데 말이오

가슴 속 깊이 파고든 선율에
뭉클해진 심금(心琴)으로

여기,
우리는.

- 2015년 11월 14일 밤 CUFESTA 후 집으로 돌아가는 전철 안에서

바람과 함께 사라지다

까마귀 짖는 아침이 찾아오더니
명성산 기운이 내려앉는다

못 다 이룬 궁예의 한(恨)이 서린 듯
낮 동안도 가을산은 움츠려든다

앞 서 간 등산객의 발자취 밟아
저미는 한 발 두 발이건만
미끄러지고 만다

보일 듯 말 듯 갈대숲에 격정(激情)을 감춰두며
아무 일도 없는 척
정상으로 오르고 오른다

어느새 찾아든 어둠마저
새색시 신랑 맞듯 반기운다

설운 마음 토해내듯
실컷 소리 내어 울더니만

스산한 밤공기에 얼굴 감싸 쥔다

헤매던 애증(愛憎)이
이내
바람과 함께 사라진다.

- 2015년 11월 19일 포천 명성산에서
- 명성산(鳴聲山) : 왕건의 군사에 쫓기던 궁예가 소리 내어 울었다는 산

고화(孤花)

돌섬 한 가운에 홀로 서 있는 건
사람들이 싫어서가 아니다

가까이 가려해도 못 가는 묶여 있는 몸이지만
속을 지키고 싶어서이다

긴 목 내밀고 밖을 굽어보는 건
혹시 찾아줄 이를 기다리는 게 아니다
이대로도 내 향기 뿜을 자신이 있어서이다

빛이 흰 건
순결해서가 아니다
간혹 드나드는 바람 손이
묻은 때를 털어주기 때문이다

다소곳한 모습은 부끄러워서가 아니다
가끔은 잦아드는 풍랑에 멈춰 설 뿐이다

살며시 부는 미풍에 흔들리는 건

웃으려는 거고
숨소리고
거들먹대며 깨어있음이다

참모습 보이려고
청소(清素)하고
고고(孤高)하게

홀로 핀
야생화 한 송이.

오명(烏鳴)

어디에선가 나타나 까악 까악

산세 험한 설악 산중에
어스름 내려앉으면
보랏빛 감추고 검은 겨울 깃 펼치며
둥지로 돌아가는 짓으로

까마귀는 울어 댄다

밤새 나무 비 내려 골 곳곳이 축축한데
아침이면 산안개 수림사이로 피어오르고
오색 터는 푸르스레 얼굴을 내민다

하늘에서 내려오는 듯
주전골 타고 마냥 흐르는 탄산천은
푸른 빛 어느새 황갈색 띠며 흙으로 모여 샘을 이룬다
겁이 지나도 그대로인 물터를 잡는다

박새를 벗 삼아
알록달록 당단풍나무 잎 쪼아 대며 놀다가도

용소폭포 소리 들려오면
샘터 지킴이인 양
날아 돌아오며 울음소리 쳐댄다

눈발 날리면
흰 게 싫어서는 아닐 텐데
미동도 없이 둥지만 지키더니

오색 텃새 끼리 끼리 모여 날아들어
산장 지붕 꼭대기에 자리 잡아
뽐내며 울어 대니

그루터기 흔들 그네에 몸을 맡겨
마음이 소용돌이치다가도

다시 한 번 날아보자는 오명이 귓전에 날아들자
맞장구로 쓴 웃음 한 방 지어본다.

- 2018년 12월 오색 온천 터에서

살아있음에

동료들에게 어이 가자고 소리치며 날아가는 철새의 재촉에도
해님의 손길은 아직 남아 있다

먹이 찾아 갯고랑 후벼 파던
오리 떼의 부리 끝에 아직 염기가 스며있다

조잘대는 퉁퉁마디 칠면초 사데풀 입가에
아직 장난기가 퍼져 있고

밀물 따라 먼 길 떠날 망둥이에
집게발 들어 흔들어 주는 붉은발농게 눈망울이 끔벅거린다

식어가는 햇살
어느덧 물 위에 드러누울 즈음

하루 짐 챙겨 메고 나서더니
편한 길 놓아두고
습지 외진 길 찾아
그 속으로 한 발 두 발 내딛는다
스산한 어스름에

저벅 저벅 쫓아오더니 허리춤까지 잡아끄는
타나토스 잔영에 머리채 삐죽 서지만

와락 달려드는 밀물의 급습에 갯벌은 이미 축축해진다

먼발치에 보이는
가로등 불빛 마중에 한껏 발뒤꿈치에 힘을 주어본다

축축하여 메마르지 않은 얼굴로
숨 쉬는 땅을 밟고 있음에

온갖 세상 찌끼 다 받고도
때 털어내고 살아있는 기운 뿜어내는
미물(微物) 터에 어우러져 함께 있음에

날 저물도록 꿈틀거린다

살아있음에.

- 타나토스: 그리스 신화에서 죽음을 의인화한 신
- 2018년 소래생태습지에서

심맥(心脈)

병맥(病脈)인가 보다

마음이 얼마나 뒤얽혔기에
칼 추위에 가끔씩 나타나 주는 햇살마저 싫어지니 말이다

거리로 뛰쳐나가 마구잡이로 돌아다녀도
쓰라린 위일 망정 한 잔 술로 덧씌워도
치고 치고 샌드백
또 쳐 봐야 상처난 주먹만 돌아올 뿐
허공에 대고 탄식을 질러봐야
괜스레 하는 짓거리로 목청만 갈라질 것을

병맥의 찌끼야 어디든 따라 온다

소중하다던 얄궂은 사랑
미련 없이 내다 버리고
화석화되어 가는 정신머리
너 마저 뒷전으로 밀어 놓고
아프면 아픈 대로 그냥 버텨 내고

아름다웠던 추억이라도 찢어서야
마음이 가라앉는다
평온한 심맥(心脈)이 스며든다

이제야
평맥(平脈)이다.

- 2017년 1월 중순 밤 헷갈리는 하루를 보내고

정유(丁酉)

어둠이 가시고 여명이니
지 세상이다

모이 몇 번 쪼고 물 한 모금 삼키더니
홰 타고 올라 홰를 친다

거만이야 이만한 게 없다

짧아지는 근육 탓에 넘어질까 고개 숙여 사는 이들,
고개 들라고
한 번 친다

상처 많아 부끄러워 숨기만 하는 저들,
저처럼 모가지 빼며 당당하게 해 보라며
두 번 친다

아파서 아파서 찡그려져도
부라리는 지 눈처럼 떠 보라며
또 홰를 친다

새 땅에 뿌릴 씨를 놓칠세라,
부여잡으라며
다시 친다

이런 하루를 보내고
저런 한 달을 지내고
한 해를 이렇게도 저렇게도 살아 보라는 듯
홰를 친다

정유(丁酉)
새벽에.

- 丁 : 세차다, 강성하다 홰를 잦치다 : 새벽닭이 홰를 칠 대로 다 치다
- 2017년 1월 1일 정유년 초하루 아침에

봄

그다지도 애타게 기다린다는

추위일랑 그림자 뒤에 감춰두고
한 줌 손 마냥 뻗어 보나 보다

뒷짐 지고 어슬렁거리다
백매(白梅)의 시샘에 뒤통수 얻어맞고도

아닌 척
모른 채
속앓이도 내다 버리며

돌담 너머 보리밭
여태껏 언 땅 뚫고
까끄라기라도 그리워하며 치오르는 싹
물끄러미 쳐다보다가도

네 마음 내 마음
쓰라린 속내

후려잡아 내팽개치다 보면

봄이다

쓸쓸해져도
외로워진다해도

이내
봄이다.

\- 2017년 2월 어느 흐린 날

얼굴

천 원짜리 없으면 만 원짜리 달라는 소리에
내려 보니
흔들리지도 않는 손 내미는 젊은 노숙인의 얼굴이라

그야말로 소리 없는 아우성에
쳐다보니
밥차 앞에 늘어선 얼굴이라

신나게 떠드는 소리에
고개 돌려보니
놀이동산 가고 있는 아이들의 얼굴이라

박수와 환호 소리에
엿들어 보니
결혼식 하객들의 얼굴이라

그렇게도 없이 어떻게 사냐는 전화소리
귀 기울여 보니
친구의 얼굴이라

그래도 양심으로 살라는 말에
고개 들어 보니
노 신부(老 神父)의 얼굴이라

거울에 비친 자화상
들여다보니
까칠한 숙맥(菽麥)의 얼굴이라

어찌하랴 웃음소리에
마주쳐 보니
아내의 얼굴이라

얼굴
얼굴들의 속세는 얽히면서 굴러 간다.

- 2016년 2월 20일 노 신부님 찾아뵙고 오는 길에 (서울역, 대전역, 조치원역, 영등포역)

윷놀이

구르며 부딪치며
넘어지고 엎어지고 자빠지고
누워 쉬고

넷이 우리 모두

한 번 넘어지니
한 발자국

두 번 자빠지니
두 걸음

세 번 넘어가니
성큼 성큼 성큼

모두 자빠지니
쿵 쿵 쿵 쿵

모두 엎어지니
으라라라차
모가 나서 좋단다
또 가도 되니

잡는 마음 알까
야
잡히는 마음 알까
오

이제는 다 왔다
휴

다시 한 번.

- 2016년 2월 말 신학기를 준비하며

청춘(青春)

겨울 너머 봄이니
청춘이려나

거칠게 찬바람이 불고 겨울 산 고목(孤木) 가지에
겨우살이 터져 나오니
청춘이려나

세월에 패인 이마 밑
눈가 잔주름이니
청춘이려니

돌이켜 둘러보며
흘러가는 시간이니
또한 청춘이려니

그렇게 외쳐대며
찾고 찾았건만

지금 살아가니
청춘이려나

이
아름다운 청춘(青春).

- 2015년 2월 말

Epilogue /

Vers Quoi Pour Quoi

대체 어디로 가는 건가 왜 가는 건가
하루가 가고 이틀을 보내고
다시 아침이 오면
또 가고 있다

돌부리에 걸려 넘어지고
세파에 휘청거려도
무너진 심사를 고쳐먹고
발걸음은 재촉만 한다

서러움을 뱉어내고
목청 돋워 소리 질러 봐도
손에는 남은 게 없다

찬물 마시면 후련해지려나
이마를 땅에 박고 울어본들
이미 앓던 마음 나아지지 않는다

그래도 입 다물고 간다

시달리고 걸어온 길
돌이켜보면 건질 게 없다 쳐도

푸석한 한 몸뚱이 온 데로 돌아가는 순간까지
나무 돌 새 흙으로 눈 호강 시키면서
가끔은 이웃과 어울리려

잠시 쉬다
저벅저벅 가고 또 간다

vers quoi pour quoi
(어디로 왜)

La vie est belle
(그래도 아름다운 인생이니).

- 2018년 12월 말

이기석 시집

해 설

삶에 대한 의지와 가치 부여로의 시 쓰기

삶에 대한 의지와 가치 부여로의 시 쓰기

- 이기석 시인 첫 시집을 감상하며

문학평론가 제 갈 양

긴 세월의 교직 인생을 마무리하는 정점에서 문득 시집을 발간한다는 것은 어떤 의미일까? 누구나 자신의 삶의 흔적들을 되돌아보는 작업들은 의미심장한 일이다. 게다가 그런 작업을 나지막이 읊조리듯이 시인의 눈빛으로 세상과 인생을 노래하는 것은, 스스로의 삶에 가치를 덧입히는 흥분되고도 멋진 경험이 아닐 수 없다.

많은 사람들이 노래 부르는 것을 좋아하는 이유는 단순히 가락과 리듬 때문만은 아니다. 노랫말에 담긴 삶의 의미와 희망을 노래가 대신해서 드러내주고 있기 때문이며, 우리는 그것들을 내 것으로 삼고 싶은 욕망을 담아 노래를 부른다. 그것은 우리가 인간이기에 갖게 되는 아름답고도 성숙한 욕망이다.

우리의 삶 그 자체는 흩어진 일상으로서 일견하기에 구체적이

거나 특별한 가치와 흥미가 드러나 보이지 않는다. 그러한 삶 즉, 날 것 그대로의 생을 가져다가 자신만의 시선으로 읽고 보듬고 의미를 부여하는 것은 사람만이 할 수 있는 거룩하고도 숭고한 행위이다.

우리는 이런 과정에서 자기의 생을 재해석하고 준엄한 자기평가를 통해 거기에 자신만의 특별하고도 의미심장한 가치들을 부여하게 되는 것이다. 즉, 삶의 다양한 경험과 현상과 사물과 관념들에 대해 일기를 쓰듯 자신의 언어로 표현하는 시를 쓰면서 자칫 가치 없이 물거품처럼 사라질 수 있던 것들에 대해 자기 해석과 의미를 부여하는 일은 궁극적으로 자신의 삶을 더욱 소중하게 껴안는 행위이며, 생의 의지를 불태우는 일이다.

그런 과정에서 우리는 삶의 기쁨과 보람을 느끼고 꿈을 꾸되, 그 꿈을 보다 명확히 구체화시키고 발전시켜 나갈 수 있다. 그것이 바로 시가 우리 삶에 더없이 소중한 까닭이며, 시를 쓰는 행위 자체가 여전히 유익하고 반갑고 칭찬받아 마땅하며 권하고 싶은 일이 되는 것이다. 필자도 매일 일기를 쓰듯 하루에 한 편씩 시를 써 본 경험이 있고, 현재에도 그런 생활을 이어가고 있기에 이기석 시인의 글쓰기에 더없이 깊은 공감을 하게 된다.

필자는 27년 전 줄장미가 담벼락을 붉게 장식하던 6월의 초여름에 시인을 만났다. 사랑에 빠지면 누구나 순수해진다 하였던가? 자기 삶의 순간들을 시로 담아온, 즉 시와 사랑에 빠진 시인의 삶은 유독 담박(澹朴)했었다. 흰 이가 드러나도록 환하게 웃던 모습들과 늘 소년 같이 순진한 감성들이 삶 전반에 묻어있었다. 이기석 시인에게서 시는 자신을 둘러싼 모든 사람들과 삶의 흔적들을 힘껏 사랑으로 껴안겠다는 자기선언과도 같은 것이다. 그런 시인의 용기 있는 선언에 공감과 응원의 갈채를 보내며, 일부분이나마 그가 시를 통해 추구하는 삶의 지향과 의미들을 중심으로 간략하게나마 짚어 보고자 한다.

그는 어려서부터 시를 썼다고 한다. 삶의 '시련과 갈등, 응어리'들이 한 송이 꽃이 되길 바라는 마음이었다고 말한다. 시집의 Epilogue라 할 수 있는 「Vers Quoi Pour Quoi(어디로 왜)」와 「인생」 등에서 그 스스로의 삶에 대한 자세들을 언급하고 있다.

> 시달리고 걸어온 길
> 돌이켜보면 건질 게 없다 쳐도
>
> 푸석한 한 몸뚱이 온 데로 돌아가는 순간까지
> 나무 돌 새 흙으로 눈 호강 시키면서

가끔은 이웃과 어울리려

잠시 쉬다
저벅저벅 가고 또 간다

vers quoi pour quoi
(어디로 왜)

La vie est belle
(그래도 아름다운 인생이니)
-「Vers Quoi Pour Quoi(어디로 왜)」 일부

시인은 그동안 자신의 삶에서 일관되게 보여 주었듯, 〈시달리고 걸어온〉 인생의 길에서 〈온 데로 돌아가는 순간까지〉 〈나무 돌 새 흙〉과 〈이웃들과 어울리〉며 〈그래도 살겨운/사람 향을 맡으며〉 살아가겠다는 의지를 우리는 감지할 수 있다. 그에게서 인생은 〈La vie est belle(그래도 아름다운 인생)〉이기 때문이다.

외다리일망정 가기는 간다
헤어진 채 살아도 다리 끈마저 끊긴 건 아니다

아프다 아프다 하면서도 다리가 있어 가는 게다
힘들다 힘들다 하면서도 다리가 있어 사는 게다

이 다리가 있어 힘이 서고 저 다리가 있어 우리네 집이 선다

이리 저리 섞여서도
다리가 있어 선다

비틀거려도
　선다

　남부끄럽지 않게
　보란 듯이

-「다리가 있어 선다」 일부

한편,「다리가 있어 선다」에서 처럼 〈외다리일망정〉, 〈아프다 아프다 하면서도, 힘들다 힘들다 하면서도〉 그는 살아가겠다고 한다. 〈비틀거려도〉, 〈남부끄럽지 않게 보란 듯이〉 살아가겠다는 생에 대한 강렬한 의지를 표명하고 있다.

나뭇가질 잘라내도
나는 순(荀)을 어쩔 것이오

잘리어도 더 진한 잎이 돋우니
어쩌란 말이오

엇박자라도 노래는 계속되는데
우리는

치이고 부딪쳐 돌아갈망정

간다는데 어찌할 것이오
지르는 환호 속에
우리도 끼어 넣고 말이오
조각 조각 모아 걸작 만들어
예술 혼 뿜듯이
우리는 가겠다는데 말이오

가슴 속 깊이 파고든 선율에
뭉클해진 심금(心琴)으로

여기,
우리는

-「우리는」 전문

「우리는」에서도 시인은 〈잘리어도 더 진한 잎이 돋우〉면서 〈치이고 부딪쳐 돌아갈망정〉 〈조각 조각 모아 걸작 만들어/예술 혼 뿜듯이〉 〈우리는 가겠다는데 말이오〉라며 단호하게 말하고 있다. 하지만 그에게서 〈인생사란/하늘의 뜻을 따르는 것이라오〉라며 운명에 순응하는 겸허한 자세를 보여준다. 그의 생에 대한 자세는 시집의 제목이기도 한 「살아있음에」에서 정리될 수 있다.

동료들에게 어이 가자고 소리치며 날아가는 철새의 재촉에도

해님의 손길은 아직 남아 있다
먹이 찾아 갯고랑 후벼 파던 오리 떼의 부리 끝에 아직 염기가 스며 있다
조잘대는 퉁퉁마디 칠면초 사데풀 입가에
아직 장난기가 퍼져 있고

밀물 따라 먼 길 떠날 망둥이에
집게발 들어 흔들어 주는 붉은발농게 눈망울이 끔벅거린다

식어가는 햇살
어느덧 물위에 드러누울 즈음

하루 짐 챙겨 메고 나서더니
편한 길 놓아두고
습지 외진 길 찾아
그 속으로 한 발 두 발 내딛는다
스산한 어스름에
저벅 저벅 좇아오더니 허리춤까지 잡아끄는
타나토스 잔영에 머리채 삐죽 서지만
와락 달려드는 밀물의 급습에 갯벌은 이미 축축해진다
먼발치에 보이는
가로등 불빛 마중에 한껏 발뒤꿈치에 힘을 주어본다

축축하여 메마르지 않은 얼굴로
숨 쉬는 땅을 밟고 있음에

온갖 세상 찌끼 다 받고도
때 털어내고 살아있는 기운 뿜어내는
미물(微物) 터에 어우러져 함께 있음에

날 저물도록 꿈틀거린다

살아있음에

-「살아있음에」 전문

그가 〈편한 길 놓아두고/습지 외진 길 찾아/그 속으로 한 발 두 발 내딛는〉 자세를 보일 수 있는 이유는, 〈먼발치에 보이는/가로등 불빛 마중에 한껏 발뒤꿈치에 힘을 주어본다〉에서 알 수 있듯 든든한 가족들의 사랑의 힘일 것이다. 그 가족들의 사랑으로 그는, 〈축축하여 메마르지 않은 얼굴로/숨 쉬는 땅을 밟고 있음에〉, 〈온갖 세상 찌끼 다 받고도〉 〈날 저물도록 꿈틀거린다〉, 살아있음에 〈그래도 입 다물고 간다 // 시달리고 걸어온 길/돌이켜보면 건질 게 없다 쳐도〉 살아가겠다고 말한다. 시인에게 삶의 원동력은 단언컨대, 사랑이다. 가족들 그리고 사람과 세상에 대한 뜨거운 사랑이다.

절름절름 저며 오는 가을 한기는

시름시름 앓고 있는 나뭇잎들은

시들시들 울어 대던 풀벌레들은

힘없이 웃고 마는 길가 꽃들은

개천에서 피어올라 구름에 안기는 물안개는
사랑을 품는 자리
사랑이

부는 자리
저는 자리
앓는 자리
사랑이 터지는 자리

-「사랑 자리」 전문

「사랑 자리」에서와 같이 시인은 '나뭇잎, 풀벌레, 길가 꽃, 물안개'처럼 일상에서 만나는 자연의 미미한 것들에게서도 '사랑을 품는 자리'와 '사랑이 터지는 자리'를 발견한다.

꽃이 있어 좋다

살아 있어 좋다
곁에 있어 좋다
이, 저
어우러져 한바탕 소란피어 좋다

우리네 흔들어서 좋다

고통으로 몰아쳐도
마음을 휘감아도
아파해도
좋다

결국은 카타르시스 되어 흘러내릴 것을
그리고
사람이 꽃이다

시들어서 아름다운 꽃이다

-「꽃」 전문

나아가 그가 발견한 가장 아름다운 '꽃'은 결국 '사람'이라고 그는 정언(定言)하고 있다. 그는 또 일상의 사물들 가운데서도 평범치 않은 의미들을 발견하고 거기에 삶의 따뜻한 온기와 가치를 부여하고 있다.

집 모퉁이 돌다
눈에 띈
낯익은
한(寒) 데 놓인 구두 한 켤레

세상살이 거칠다고

내 뱉다 못해 토하는 울분

버티다가 쏟아내는 설움
막다 터지는 곡인 양
밑창은 터지고 굽은 닳은
무심코 지나가는 차량에 짓밟히는
술꾼의 발에 차이는
간혹은 노리개가 되고 서리가 내려도 어쩔 수 없는
한 켤레 구두

공복을 걸머지고는 다시는 걸을 수 없는 신세라도
남은 한 발은
시려도 걸어야만 할 터 인데
나다닐 남은 세월이 얼마인데

싫어도 찾고 있을 짝이 있기에

눈 가리기 좋은 밤을 기다려
슬며시 주워

가슴에 품는다

-「구두 한 켤레」 전문

'시려도 걸어야만 할' 삶이고 여전히 '나다닐 남은 세월' 많이 남은 세상의 누군가를 위해 '짝을 찾아' 주겠다는 시인의 의지는 '구두 한 켤레'를 '슬며시 주워 가슴에 품는' 행위로 드러나고 있다. 이는 인간과 사회에 대한 시인의 뜨거운 의지인 것이다. 그러기에 시인의 가족에 대한 애정은 남다르다.

잘 해 주리란 말도 돌이킬 수 없는 세월 앞에는
바람결에 속절없이 묻혀버리는데

장갑 벗어 던지고 마음을 모아
슬며시 아내의 손을 잡아본다
꽉 잡은 이 손은 어머니 품이려니
노스탤지어 그려본다

아내의 손은
포근하고 따습기만하다

-「아내」 일부

필자는 시인의 사랑과 결혼에 대해 익히 알고 있기에 그의 아내에 대한 사랑은 '노스탤지어'처럼 보다 근원적이라서 남달리 '포근하고 따습기만 하다.'

꿇는 무릎이 아파해도
엎치락 뒤치락 기어가며

옹알이로 온 세상에 소리치던 것이

엄마 손길 떠나서는
아장 아장 걸음마로

이 품으로 오겠다니

양손으로 맞이하려
다가서고 본다
스치듯이 곁을 지나가는 모양새에

쌓아 놓은 바람만이 섦아진다
천연(天緣)은 있는 건가
넘어져도 돌아서서
씨익 웃어주니

속 터져도 기꺼이 기다린다

언젠가는 뜀박질로 온다니까

-「대박이」 전문

에피소드처럼 그려낸 「대박이」에서 어린 자식을 지켜보는 시인의 부정(父情)을 보여주고 있다.

또 「아부지」는 자식의 유년부터 장성한 후까지의 모습을 그려내면서 자식의 성장 내내 쏟아부은 뜨거운 부정을 삽화처럼 제시한다. 이와 같이 그의 곁에는 사랑하는 가족들이 있다. 가족들이 그의 삶을 지탱하고 있는 원동력이자 그가 시를 쓰는 궁극적 이유일 수도 있겠다. 시집의 머리말에서 가족들에 대한 특별한 감정을 솔직히 밝히고 있다.

이제 부끄럽지만 새색시 속살 드러내듯 글들을 내 놓는다. 사람들과 공유하고 공감하고 같이 울기 위함이다. 속으로만 새겼던 감성을 같이 느끼게 되어 너무 벅차다. 힘이 생긴다. 숨기지 않아도 되니 너무 좋다. 대 놓고 마음껏 실컷 글을 쓰련다. 큰 그릇이 채워질 때까지.

해가 지면 둥지로 돌아간다. 사랑하고 늘 함께하는 식구들이 기다린다. 거친 말에도 싫은 내색 없이 착하기만하고 다 받아주는 내결 사랑, 헤매는 듯 보이나 제 갈 길 잘도 찾아 갈 우리 아들, 야무지게 인생 챙겨 살아 갈 우리 딸. 우리 모두 다시금 나간다. 인생 길 덤덤하나 알차게, 살아있음에!

-머리말, 일부

이기석 시인이 기나긴 교직 생활을 마치는 자리에서 부끄러운 마음으로 시집을 내 놓는 것은 그의 삶 내내 함께한 가족들에 대한 감사이자 애정일 것이라는 짐작을 해본다. 그가 시에 대한 갖고 있는 생각은 참으로 순수하다. 머리말에서 시에 대한 그의 솔직한 기쁨과 시 쓰기의 정신을 언급하고 있다. 그에게서 시는 '사람들과 공유하고 공감하고 같이 울기 위'한 가장 순수한 도구이자 방법론인 것이다.

이기석 시집

살아있음에

이기석 시집

발 행 일 | 1쇄 2019년 2월 15일
2쇄 2019년 4월 15일
지 은 이 | 이기석
발 행 인 | 李憲錫
발 행 처 | 오늘의문학사
출판등록 | 제55호(1993년 6월 23일)
주 소 | 대전광역시 동구 대전로867번길 52(한밭오피스텔 401호)
전화번호 | (042)624-2980
팩시밀리 | (042)628-2983
전자우편 | hs2980@hanmail.net
다음카페 | cafe.daum.net/gljang 문학사랑 글짱들
다음카페 | cafe.daum.net/art-i-ma 아트매거진(아띠마)

공 급 처 | 한국출판협동조합
주문전화 | (070)7119-1752
팩시밀리 | (031)944-8234~6

ISBN 978-89-5669-987-5
값 12,000

문학사랑 시인선

001 전태익 눈빛 닿는 곳마다
002 리헌석 갈채하는 숲
003 상동규 수직으로 일어서면 수평으로 눕는 바다
004 정재권 대나무를 충고한다
005 조남익 기다린 사람들이 온다
006 정진석 아름답고 향기로운 사람꽃
007 양태의 혼자 우는 뒷북
008 리헌석 섬바위
009 이순조 하늘 닮은 사랑
010 김명배 몸 밖에 마음 두고
011 김기양 김기양의 허수아비
012 경흥수 솔바람의 향기
013 이완순 세상 위에 나를 그리다
014 오희용 이야기 나무
015 곽우희 여전히 푸르고
016 조근호 바람의 동행
017 김영우 길 따라 물길을 따라
018 조남익 광야의 씨앗
019 지봉성 고도
020 이근풍 아침에 창을 열면
021 나이현 들국화 향기 속에
022 이영옥 길눈
023 전성희 당신의 귀가 닫힌다
024 김기원 행복 모자이크
025 김영수 소쩍새 한 마리
026 고덕상 고요한 기다림
027 권상기 초록빛 그리움
028 김주현 분명한 모순
029 김해림 멈추지 않는 발걸음으로
030 김영우 갈맷길을 걸으며
031 이완순 海印을 찾다
032 엄기창 춤바위
033 장덕천 싸구려와 친구하다